Doris Kern

NATÜRLICH SAUBER

Von der Asche bis zur Zitrone: Putzmittel einfach selber machen

Servus

Doris Kern

NATÜRLICH SAUBER

Von der Asche bis zur Zitrone:
Putzmittel einfach selber machen

Servus

INHALT

Einleitung

Das eigene Zuhause – ein Rückzugsort der Geborgenheit und Entspannung. Gemütlich und wohlig soll es sein und um dies zu gewährleisten, ist eine regelmäßige Pflege des eigenen Heims unabdingbar. Dazu findet man in Drogerien und Supermärkten eine riesige Auswahl an unterschiedlichsten Putzmitteln. Es wird mit bunten Farben, intensiven Duftstoffen und dem Versprechen, dass das Putzen damit mühelos sein wird, für ein sauberes Zuhause geworben.

Aber wissen wir, was hinter dieser schönen Fassade steckt? Welche Inhaltsstoffe sich darin befinden und wie sie unsere Gesundheit und unsere Umwelt beeinflussen? Selten wird transparent aufgeführt, wie welche Stoffe wirken. Für mich persönlich waren die starken Duftstoffe und aggressiven Inhaltsstoffe Auslöser für Kopfschmerzen. Und da ich mich schon einige Jahre mit Naturkosmetik und der Herstellung von Produkten beschäftigt hatte, war es der nächste logische Schritt, auch die bunte Welt der Putzmittel zu hinterfragen und eigene Produkte herzustellen.

Herkömmliche Reinigungsmittel enthalten häufig aggressive Chemikalien, die unsere Gesundheit beeinträchtigen und zum Teil auch belastend für die Umwelt sind. Sie können Allergien auslösen und teilweise auch für Haustiere bedenklich sein. Viele Menschen wünschen sich daher natürlichere, nachhaltigere und umweltfreundlichere Alternativen.

Im Vorratsschrank findet man einige Zutaten, die für die Herstellung von Putzmitteln nötig sind, wie beispielsweise Essig, Natron, Seife oder Salz. Damit lassen sich Schmutz, Fett und auch Flecken sehr gut beseitigen und sie stehen herkömmlichen Reinigungsmitteln um nichts nach. Statt synthetischer Duftstoffe können feine ätherische Öle verwendet werden. So zaubert man einen Hauch natürliche Frische ins eigene Heim.

Das Erzeugen und Rühren der Produkte bereitet große Freude. Viele der Putzmittel sind schnell hergestellt und können an eigene Bedürfnisse angepasst werden. Man setzt sich dabei viel genauer mit Materialien und Inhaltsstoffen auseinander und macht einen Schritt in Richtung eines bewussteren und nachhaltigeren Lebens.

Die Ideen in diesem Buch laden dich ein, in die Vielfalt der natürlichen Inhaltsstoffe und der Rezepte einzutauchen. Lerne gemeinsam mit mir Tipps und Tricks, die bereits unsere Großmütter kannten, und verwandle dein Zuhause in eine gesunde Wohlfühloase!

GRUNDLAGEN

Du findest hier eine Übersicht über
die grundlegenden Zutaten,
mit denen du deine Reinigungsmittel
herstellen kannst, und erfährst,
wie sie wirken.

Welche Vorteile bietet es, Putzmittel selbst herzustellen?

Reduzierung von Müll
Man kann bereits vorhandene Verpackungen wiederverwenden. Tiegel, Sprühflaschen und vieles mehr kann man immer mehrmals verwenden.

Umweltfreundlichkeit
Natürliche Reinigungsmittel belasten die Umwelt weniger, da sie besser abbaubar sind. Schädliche Chemikalien können vermieden werden.

Gesundheit und Allergien
Du kannst auf aggressive Inhaltsstoffe und synthetische Duftstoffe verzichten.

Kraftvolle Wirkung
Auch selbst gemachte Reinigungsmittel lösen Verschmutzungen hervorragend.

Kreativität
Das Herstellen von eigenen Putzmitteln ist eine kreative Tätigkeit, die großen Spaß macht.

Selbstwirksamkeit
Die Herstellung und Verwendung von natürlichen Reinigungsmitteln vermitteln ein Gefühl der Selbstwirksamkeit. Man übernimmt Verantwortung für die eigene Gesundheit und auch die Umwelt.

Kostenersparnis
Die Zutaten für selbst gemachte Reinigungsmittel sind oftmals viel günstiger als kommerzielle Reinigungsmittel. Auf Dauer spart man einiges Geld.

Anpassungsfähigkeit
Rezepte können individuell an die eigenen Bedürfnisse angepasst werden und man entscheidet selbst, welche Inhaltsstoffe man verwenden will.

Weniger ist mehr
Viele der Rezepte enthalten nur wenige Inhaltsstoffe. Denn oft braucht es nicht viel, um wirksam zu sein.

Warum sind manche Reinigungsmittel aggressiv und schädlich?

Werbung und gutes Marketing suggerieren uns, dass unser Zuhause mit den neuesten Reinigungsmitteln sauber und hygienisch ist. Doch hinter den verlockend duftenden Flaschen und glänzenden Verpackungen vieler herkömmlicher Reinigungsmittel verbergen sich oft Inhaltsstoffe, die Auswirkungen auf unsere Gesundheit und die Umwelt haben können. Denn nicht alle Stoffe sind bedenkenlos für Mensch und Umwelt. Manche können Haut, Augen und Atemwege reizen. Auch Allergien können dadurch ausgelöst werden. Viele Reinigungsmittel enthalten zudem Bleichmittel, Phosphate, Lösungsmittel, künstliche Duftstoffe und vieles mehr. Anhand der oft kryptischen Bezeichnungen ist es aber nicht ganz einfach, zu erkennen, welches Putzmittel aggressive Inhaltsstoffe enthält und welches nicht. Einige Beispiele habe ich hier für dich aufgelistet:

Komplexbildner

Komplexbildner werden sehr gerne in Reinigungsmitteln verwendet, um Wasser zu enthärten und die Reinigungswirkung zu unterstützen. Denn in Wasser sind viele Metallionen wie beispielsweise Calcium, Magnesium, Eisen oder Kupfer enthalten, die als „Härtebildner“ bezeichnet werden. Wenn sie mit einem Reinigungsmittel in Kontakt kommen, können sie sich mit den darin enthaltenen Tensiden oder Seifen verbinden. Das kann zu Rückständen und zu einer verringerten Reinigungswirkung führen. In Reinigungsmitteln können Komplexbildner diese Metallionen in stabilen Komplexen binden – so werden Ablagerungen verhindert und die Reinigungswirkung bleibt erhalten. Zu den Komplexbildnern zählen beispielsweise Phosphate, Phosphonate oder EDTA (Ethylendiamintetraessigsäure). Als natürlicher Komplexbildner kann beispielsweise die Zitronensäure verwendet werden.

Duftstoffe

Für viele Konsumentinnen und Konsumenten ist es wichtig, dass Produkte gut riechen. Daher werden in kommerziell hergestellten Reinigungsmitteln häufig künstliche Duftstoffe verwendet, welche allergische Reaktionen oder bei empfindlichen Personen auch Kopfschmerzen auslösen können. Sie können zudem zu Reizungen der Haut und der Augen führen und sogar hormonelle Störungen verursachen oder beeinflussen. Die Liste der Nebenwirkungen von manchen Duftstoffen ist lang. Meistens werden Duftmischungen verwendet, die unter dem Sammelbegriff „Parfum“ zu finden sind. Auch natürlich hergestellte ätherische Öle können bei manchen Menschen zu Allergien führen, in diesem Fall sollte man komplett auf Duftstoffe in Reinigungsmitteln verzichten.

Bleichmittel

In Waschmitteln, aber auch in anderen Haushaltsreinigern werden Bleichmittel beigefügt, um unerwünschte Verfärbungen aufzuhellen und zu entfernen. Bleichmittel wie Chlor oder Natriumhypochlorit können ebenfalls Hautreizungen und Augenreizungen verursachen und sind zudem umweltschädlich, da sie unsere Gewässer belasten.

Lösungsmittel

Lösungsmittel werden verwendet, um fettige Rückstände, Farben, Öle oder andere schwer zu entfernende Flecken zu beseitigen. Manche Lösungsmittel können ebenso reizend für die Atemwege sein.

Triclosan

Triclosan ist ein antibakterieller Wirkstoff, der in einigen Reinigungsmitteln enthalten ist. Er ist oft Bestandteil von Desinfektionsmitteln, um Oberflächen und Gegenstände zu reinigen. Er steht aber im Verdacht, hormonelle Störungen zu verursachen und die Bildung resistenter Bakterien zu fördern.

Erdölbasierte Tenside

Tenside sind waschaktive Substanzen, die in Reinigungsmitteln, aber auch in Körperpflegeprodukten verwendet werden, um Fett und Schmutz zu lösen. Sie haben eine hydrophile (wasserliebende) und eine lipophile (fettliebende) Komponente, die es ermöglichen,

Fett- und Schmutzpartikel zu umhüllen und sie in Wasser zu lösen, sodass sie leichter entfernt werden können.
Erdölbasierte Tenside werden, wie der Name schon sagt, aus Erdöl gewonnen. Sie sind problematisch, weil es sich dabei um nicht erneuerbare Ressourcen handelt und ihre Herstellung einen hohen Energieaufwand erfordert. Zu ihnen zählen beispielsweise lineare Alkylbenzolsulfonate (LAS) oder auch Fettalkoholsulfate (FAS). Sie haben eine sehr gute Reinigungswirkung und erzeugen viel Schaum.

Es gibt mittlerweile schon viele Tenside, die auf nachwachsenden Rohstoffen basieren, etwa die sogenannten „Zuckertenside". Hier ist nur darauf zu achten, dass zur Herstellung kein Palmöl verwendet wurde.

FÜLLSTOFFE

Manche Stoffe wie beispielsweise Natriumsulfat sorgen im Produkt für eine gute Rieselfähigkeit, was das Dosieren und die Löslichkeit des Produktes erleichtert. Natriumsulfat gilt allerdings als bedenklich für die Umwelt, da es zur Aufsalzung der Gewässer beiträgt.

Inhaltsstoffe für natürliche Reinigungsmittel

Auch für die Herstellung von natürlichen Reinigungsmitteln ist Chemie gefragt, aber nicht in Form bedenklicher Inhaltsstoffe, sondern um die chemischen Vorgänge zu verstehen, die nötig sind, um eine gute Reinigungswirkung zu erzielen. Diese kann man auch mit umweltfreundlichen Rohstoffen erreichen, aber wie bei allem gilt – die Dosis macht das Gift!
Daher ist es wichtig, dass die Inhaltsstoffe mit Vorsicht behandelt werden. Man lagert sowohl die Rohstoffe als auch die fertigen Putzmittel außer Reichweite von Kindern und Haustieren!

Viele der Inhaltsstoffe kennt man schon aus der Küche, aber wie werden sie als Reinigungsmittel verwendet?
Hier kommt es darauf an, ob ein Rohstoff sauer oder alkalisch ist. Dafür betrachtet man den pH-Wert. Liegt dieser unter 7, handelt es sich um einen sauren Inhaltsstoff. Je weiter der Wert Richtung 0 geht, desto saurer und auch aggressiver ist das Mittel. Reines Wasser hat genau den pH-Wert von 7, daher ist es weder eine Säure noch eine Lauge. Ist der Wert größer als 7, zählt der Stoff zu den Laugen oder auch Basen und wird als alkalisch bezeichnet.

Grob eingeteilt, kann man sagen, dass Reinigungsmittel, welche einen sauren pH-Wert besitzen und mit einer Säure wie Essig oder Zitronensäure hergestellt werden, gegen Kalk, Ablagerungen und Schimmel verwendet werden können. Hat das Reinigungsmittel einen alkalischen pH-Wert, eignet es sich hervorragend zur Beseitigung von fettigen Verschmutzungen, Verkrustungen oder auch zum Bleichen von Wäsche. Hierzu werden Natron, Seifen, Tenside oder auch Soda verwendet.

Saure Inhaltsstoffe

Bei Säuren ist Vorsicht geboten, denn je saurer ein Mittel ist, desto stärker wirkt es. Und manche Oberflächen vertragen keine Säuren. Hierzu zählt beispielsweise Marmor, bei dem es sich um ein Kalkgestein handelt, das sich über Jahrmillionen aus Kalkablagerungen gebildet hat. Wie oben beschrieben, können saure Reinigungsmittel hervorragend verwendet werden, um Kalk im Haushalt zu lösen. Nur bei Marmor würden wir diese Reinigungswirkung nicht schätzen, denn Säuren können die Oberfläche von Marmor angreifen. Daher sollten hierzu nur säurefreie Reiniger verwendet werden.
Auch manche Steinböden enthalten Kalke, daher ist es ratsam, sich vorher immer zu erkundigen, welche Reinigungsmittel für einen Naturstein verwendet werden dürfen. Im Zweifel besser auf einen milden, möglichst pH-neutralen Reiniger zurückgreifen.

Unedle Metalle wie Aluminium und Kupfer reagieren ebenso auf Säure. Daher sollte einerseits schon der Behälter, in dem die Säure aufbewahrt wird, nicht aus Metall bestehen. Andererseits sollte bei Aluminium und Kupfer auch auf eine Reinigung mit Säuren verzichtet werden.

Zu den Säuren zählen beispielsweise Essig, Essigessenz und Zitronensäure.

Basische (alkalische) Inhaltsstoffe

Neben sauren Inhaltsstoffen werden auch basische beziehungsweise alkalische Inhaltsstoffe zur Reinigung verwendet. Basische Reinigungsmittel haben im Vergleich zu sauren Reinigungsmitteln einen höheren pH-Wert und sind oft milder und weniger aggressiv gegenüber vielen Oberflächen. Dennoch entfernen sie Fett, Schmutz und Verunreinigungen sehr gut. Sie können auf einer Vielzahl von Oberflächen verwendet werden, wie Küchenarbeitsplatten, Böden, Glas, Fliesen und vielem mehr. Hat man sehr spezielle und empfindliche Oberflächen, greift man am besten zu einem pH-neutralen Reiniger.

Tipp

Hast du Reinigungsmittel mit Tensiden oder Seife hergestellt, wasche die Schüsseln und Arbeitsgeräte, mit denen du gearbeitet hast, mit der Hand vor, bevor du sie in den Geschirrspüler gibst. Denn haften noch viele schaumaktive Substanzen an den Arbeitsgeräten, kann das im Geschirrspüler für zu viel Schaum sorgen! Daher vorher mit Wasser abspülen, um dies zu vermeiden!

Efeu und Kastanien

Efeu und Kastanien gehören zu den Pflanzen, die viele Saponine enthalten. Als nachhaltige Alternativen zu herkömmlichen Reinigungsmitteln bieten sie Vorteile für eine schonende und effektive Reinigung im Haushalt.

Die Früchte der Rosskastanie reifen im Herbst und viele Kinder haben große Freude daran, mit ihnen zu spielen. Sie sind aber nicht nur zum Basteln oder als schöne Dekoration geeignet. Die enthaltenen Saponine sind waschaktive Substanzen. Dies kann man auch manchmal an einem regnerischen Tag an einer Kastanienallee beobachten. Fahrende Autos brechen Kastanien auf und der Regen sorgt dafür, dass die Kastanien zu schäumen beginnen!

Der Kastanienkern ist durch eine braune Schale geschützt. Lässt man die gesammelten Kastanien trocknen, wird die Schale mit der Zeit sehr hart und lässt sich nicht mehr so einfach verarbeiten. Daher gibt man die frischen Kastanien am besten in einen Mixer und zerkleinert sie. Dieses Granulat auf Teller auflegen und für mehrere Tage durchtrocknen lassen. Anschließend in Gläser füllen und bei Bedarf verwenden.

Efeublätter kann man das ganze Jahr über frisch sammeln, sogar im Winter findet man die immergrünen Blätter. Genauso wie Kastanien können sie ganz einfach für natürliche Reinigungsmittel verwendet werden. Sie brauchen nicht auf Vorrat gesammelt zu werden, da es besser ist, sie immer frisch zu ernten.

Natron – Natriumhydrogencarbonat

An Natron kommt man beim Herstellen eigener Reinigungsmittel nicht vorbei. Auch bekannt als Natriumbicarbonat oder Natriumhydrogencarbonat, ist es ein vielseitiger Stoff. Man kauft Natron als feines weißliches Pulver mit der chemischen Formel $NaHCO_3$.
Natron kommt in verschiedenen Regionen der Welt als Mineral Nahcolith natürlich vor. Es wird in Seen oder Mineralquellen gefunden. Ein bekanntes Beispiel ist der sogenannte „Natronsee" in Ägypten, der eine natürliche Natronquelle ist. Industriell wird Natron durch das sogenannte „Solvay-Verfahren" hergestellt, welches im 19. Jahrhundert vom belgischen Chemiker Ernest Solvay entwickelt wurde.
Die Verwendung von Natron reicht bis in die Antike zurück, als es sowohl für Reinigungs- als auch für medizinische Zwecke genutzt wurde. Heute wird Natron in verschiedenen Anwendungen eingesetzt, von der Lebensmittelindustrie bis hin zur Reinigung, da es ein milder und dennoch effektiver Inhaltsstoff ist.
Im Handel findet man auch Bezeichnungen wie „Speisesoda", „Backsoda" oder „Backnatron". Auch bekannte Markennamen wie „Kaiser-Natron" oder „Bullrich-Salz" enthalten Natron.

Kann man statt Natron auch Backpulver verwenden?
Ja, auch Backpulver kann man für Reinigungszwecke verwenden. Allerdings ist es in den meisten Fällen wesentlich teurer als Natron. Beide Zutaten werden gerne als Backzutaten verwendet, um Teige zu lockern. Der Hauptunterschied zwischen Natron und Backpulver liegt in ihrer Zusammensetzung und Reaktionsweise. Natron ist ein einzelnes basisches Salz und benötigt eine zusätzliche saure Zutat (wie Buttermilch), um aktiviert zu werden. Backpulver hingegen enthält bereits eine Säurekomponente (meistens Weinsäure oder Zitronensäure), wodurch es sich selbst aktiviert, sobald es mit Feuchtigkeit und Hitze in Berührung kommt.

Verwendung in Reinigungsmitteln: Natron ist leicht alkalisch und hat einen pH-Wert von etwa 8. So hat es eine gute reinigende Wirkung und kann Schmutz, Fett und hartnäckige Flecken effektiv lösen. Dabei ist es sanft zu Oberflächen und kann auch für Utensilien mit Lebensmittelkontakt verwendet werden. Des Weiteren kann Natron unangenehme Gerüche neutralisieren, indem es überschüssige Säuren bindet und Geruchsmoleküle absorbiert. Auch die Wäsche profitiert von Natron, da es verhindert, dass Farben ausbleichen.

Lagerung: Natron sollte in einem gut verschlossenen Behälter an einem kühlen, trockenen Ort gelagert werden, um Feuchtigkeit und Klumpenbildung zu vermeiden.

Reaktionen: Natron reagiert mit Säuren und beginnt beispielsweise in Verbindung mit Essig zu schäumen. Diese Wirkung wird in Reinigungsmitteln teilweise bewusst verwendet, um Verunreinigungen zu lösen.

Vorsichtsmaßnahmen: Obwohl Natron ein sicheres und natürliches Reinigungsmittel ist, sollte man den Kontakt mit den Augen vermeiden.

Wissenswertes: Wird Natron über 50 Grad erhitzt, zersetzt es sich zu Natriumcarbonat. Wäscht man die Wäsche also über 50 Grad, verwandelt sich Natron zu Waschsoda! Beide Stoffe können zum Wäschewaschen verwendet werden.

Achtung: Nicht mit Natronlauge (Lösungen von Natriumhydroxid NaOH) verwechseln, die zum Seifensieden verwendet wird!

Zitronensäure

Auch Zitronensäure ist eines der Mittel, die man in vielen Rezepten für natürliche Reinigungsmittel findet. Dabei handelt es sich um ein weißes Pulver, das man in jedem Supermarkt erhält. Natürlich kommt die Säure in Zitronen und anderen Zitrusfrüchten vor, industriell wird sie aber durch Fermentation von zuckerhaltigen Rohstoffen hergestellt. Dazu wird beispielsweise Melasse, verschiedene Getreidearten, Früchte oder auch Zucker verwendet.
Zitronensäure ist in vielen Haushalten zu finden, da sie sowohl ein Säuerungsmittel als auch ein Konservierungsmittel für viele Lebensmittel und Getränke ist. Sie wird aber auch in der Kosmetik und eben in Reinigungs- und Waschmitteln verwendet.

Verwendung in Reinigungsmitteln: Zitronensäure wirkt effektiv bei Kalkablagerungen und Urinstein, daher wird sie gerne für Toilettenreiniger verwendet. Aber auch bei Schimmelpilz kann Zitronensäure angewandt werden.

Reaktionen: Zitronensäure darf für Reinigungszwecke nicht erhitzt, sondern nur kalt oder lauwarm verwendet werden. Wird sie erhitzt, bildet sie in Kombination mit Kalk Calciumcitrat. Das kann einerseits zu hartnäckigen weißen Ablagerungen führen, es kann aber auch Schäden bei Geräten verursachen. Daher ist eine Entkalkung von Kaffeemaschinen und auch Dampfbügeleisen mit Zitronensäure nicht empfehlenswert, da man nicht kontrollieren kann, ob sich noch Zitronensäure in den Geräteteilen befindet, wenn sie wieder erhitzt werden.

Lagerung: Auch bei der Zitronensäure darauf achten, dass keine unbeschichteten Metallbehälter verwendet werden. Gut verschlossen, an einem kühlen und trockenen Ort lagern.

Vorsichtsmaßnahmen: Direkten Kontakt mit den Augen vermeiden, bei der Herstellung von Produkten am besten Handschuhe tragen.

Essig und Essigessenz

Essig ist aus der Küche nicht wegzudenken. Er kann vielfältig verwendet werden, so auch in Reinigungsprodukten. Es gibt viele verschiedene Essige zu kaufen, etwa Apfelessig, Weinessig, Branntweinessig und viele mehr. Grundsätzlich können alle Sorten verwendet werden, am besten eignen sich aber helle Essige. Im Handel erhält man auch Tafelessig oder Haushaltsessig, der aus vergorenem Alkohol hergestellt wird. Dieser ist meist preisgünstig und kann gut für Reinigungszwecke verwendet werden.
Normaler Essig hat etwa 5 % Essigsäure, nicht zu verwechseln mit der starken Essigessenz, die oft eine Säurekonzentration von 25 % hat. In den meisten Fällen reicht der normale Essig für natürliche Reinigungsmittel völlig aus.
Essig wird in der Industrie aus fermentierten alkoholhaltigen Flüssigkeiten wie zum Beispiel aus Wein, Apfelmost oder Getreidealkohol hergestellt. Die Fermentation erfolgt durch Essigsäurebakterien, die den Alkohol in Essigsäure umwandeln.
Essigessenz erhält man im Handel als klare Flüssigkeit. Hierbei handelt es sich um verdünnte Essigsäure mit einer Säurekonzentration von etwa 25 %.

Verwendung in Reinigungsmitteln: Essig ist ein natürliches Entkalkungsmittel und kann hartnäckige Kalkablagerungen von Oberflächen entfernen. Auch Wasserflecken und Urinstein in der Toilette sind mit Essig gut zu reinigen. Er ist auch ein effektiver Fettlöser und kann dabei helfen, fettige Rückstände und Verschmutzungen zu beseitigen. Darüber hinaus wirkt Essig als antibakterieller Wirkstoff und kann dazu beitragen, Keime und Bakterien auf Oberflächen zu reduzieren.

Reaktionen: Essig reagiert mit basischen Substanzen und neutralisiert sie. Diese Reaktion kann förderlich sein, um Oberflächen zu reinigen oder auch um alkalische Rückstände zu entfernen.

Lagerung: Durch die Säure sollte Essig nicht in unbeschichteten Metallbehältern aufbewahrt werden, da das Metall korrodieren kann. Daher auch bei Verschlüssen aufpassen!

Vorsichtsmaßnahmen: Essig hat einen hohen Säuregehalt, daher sollte er nicht in konzentrierter Form auf empfindlichen Oberflächen wie Marmor, Granit oder anderen säureempfindlichen Materialien verwendet werden. Bei der Herstellung von Reinigungsprodukten darauf achten, dass kein Essig in die Augen kommt.

Kernseife

Kernseife zählt zu den einfachen und klassischen Seifen. Sie wird ohne Duftstoffe und auch ohne Farbstoffe oder andere Zusätze hergestellt. Klassische Kernseife wird nach wie vor aus tierischen Fetten erzeugt, der Trend geht aber zu pflanzlichen Fetten wie Olivenöl. Daher beim Kauf immer auf die Zutatenliste schauen, um zu wissen, welche Fette verwendet wurden.
Der Name „Kernseife“ leitet sich vom Herstellungsprozess ab. Dabei wird dem Seifenleim während der Seifenherstellung Salz hinzugefügt. Diesen Prozess nennt man auch „Aussalzen“. Die Hinzugabe von Salz bewirkt, dass sich das Glycerin von der Seife trennt. Der Seifenkern schwimmt an die Oberfläche und kann abgeschöpft werden. Die Kernseife ist frei von überschüssigem Fett. Dies unterscheidet sie von der Naturseife, bei der noch sowohl das Glycerin als auch das die Haut pflegende überschüssige Fett enthalten sind. Die so entstandene Kernseife ist für die Haut zwar nicht sehr pflegend, hat aber eine sehr gute Reinigungswirkung.
Wer selbst Seifen siedet, kann natürlich statt der Kernseife auch die selbst gemachte Naturseife verwenden. Hat man keine Kernseife zur Hand, eignet sich auch eine andere handelsübliche feste Seife.

Verwendung in Reinigungsmitteln: Durch ihre alkalische Wirkung kann Kernseife fettige Rückstände sehr gut entfernen. Sie eignet sich auch als natürliches Entfettungsmittel für Geschirr oder als Basis für selbst gemachte Waschmittel und Reinigungsmittel.

Reaktionen: Kernseife reagiert mit Wasser und bildet eine milde, natürliche Seifenlösung, die als Reinigungsmittel verwendet werden kann.

Lagerung: Die Seife sollte trocken gelagert werden.

Vorsichtsmaßnahmen: Kernseife ist wie andere Seifen für viele Anwendungen geeignet, aber man sollte sie nicht in die Augen bringen.

Soda – Natriumcarbonat

Reines Soda, auch bekannt als „Natriumcarbonat“, ist ebenso ein vielseitiger Inhaltsstoff, der in natürlichen Reinigungsmitteln häufig verwendet wird. Dabei handelt es sich um eine kristalline weiße Substanz mit der chemischen Formel Na_2CO_3. Es kommt in verschiedenen Formen vor, etwa als kristallines Pulver (Kristallsoda) oder als waschaktives Soda (Waschsoda). Es ist in Wasser löslich und hat eine stark alkalische Natur mit einem pH-Wert von etwa 12.

Kristallsoda (Natriumcarbonat-Decahydrat $Na_2CO_3 \cdot 10H_2O$) wird oft als Wasserenthärter in Waschmitteln und Geschirrspülmitteln verwendet. Es kann auch als Haushaltsreiniger für Oberflächen und Flecken verwendet werden.

Waschsoda (Natriumcarbonat-Monohydrat $Na_2CO_3 \cdot H_2O$) ist ein stärkeres und alkalischeres Reinigungsmittel als Kristallsoda und wird oft zum Entfernen hartnäckiger Verschmutzungen, zum Entfetten von Oberflächen und zum Reinigen von Badezimmern und Küchen eingesetzt. Es wird auch als Zusatz zu Waschmitteln verwendet, um die Reinigungsleistung zu verbessern.
Auch die verschiedenen Soda-Arten werden nach dem Solvay-Verfahren des belgischen Chemikers Ernest Solvay hergestellt, ähnlich wie Natron.

Verwendung in Reinigungsmitteln: Alle Arten von Soda werden in natürlichen Putzmitteln als Reinigungswirkstoff eingesetzt. Sie können hartnäckige Flecken, Fett und Schmutz effektiv lösen und entfernen. Soda hat auch die Fähigkeit, Kalkablagerungen zu entfernen und Gerüche zu neutralisieren.

Lagerung: Soda sollte in einem gut verschlossenen Behälter an einem trockenen Ort gelagert werden, um Feuchtigkeit und Klumpenbildung zu vermeiden.

Reaktionen: Soda reagiert mit Säuren und erzeugt Natriumhydrogencarbonat (Natron), Kohlendioxid und Wasser. Diese Reaktion kann in manchen Reinigungsanwendungen nützlich sein, um Verunreinigungen zu lösen oder Oberflächen zu reinigen.

Vorsichtsmaßnahmen: Soda wird zu einer starken Lauge, daher unbedingt den Kontakt mit den Augen vermeiden und mit Handschuhen arbeiten!

Asche

Asche, genauer gesagt Holzasche, wird meist als Abfallprodukt gesehen. Blickt man in der Geschichte zurück, erfährt man allerdings, dass sie schon immer als natürliches Reinigungsmittel verwendet worden ist.

Verwendung in Reinigungsmitteln: Vermischt mit etwas Wasser, ist sie ein hervorragendes Scheuermittel, um verschiedene Oberflächen zu reinigen, ähnlich der Schlämmkreide. Lässt man sie länger in Wasser ziehen, entsteht eine Lauge, die für die Reinigung von Fußböden verwendet werden kann.

Reaktionen: Lässt man Asche sehr lange in Wasser ziehen, kann der pH-Wert sehr hoch werden und ätzend wirken. Daher am besten mit einem pH-Wert-Streifen testen, er sollte nicht über 12 liegen. Ansonsten mit etwas Wasser verdünnen.

Lagerung: Ausgekühlte Asche vor der Verwendung durch ein grobes Sieb streichen, sodass größere Stücke entfernt werden. Danach in einem verschließbaren Glas aufbewahren.

Vorsichtsmaßnahmen: Asche oder die daraus angesetzte Lauge nicht in die Augen bringen. Eventuell Handschuhe tragen.

Alkohol

Auch Alkohol ist Bestandteil von vielen Reinigungsmitteln. Verwendet wird einerseits Ethanol (Trinkalkohol) oder auch vergällter Alkohol wie Isopropylalkohol. Der Unterschied ist, dass vergälltem Alkohol chemische Substanzen beigemischt werden, damit er nicht trinkbar ist. Trinkalkohol ist in den meisten Ländern teuer, daher gibt es vergällten Alkohol, der beispielsweise für Desinfektionsmittel oder auch Reinigungsmittel gebraucht wird.
Weingeist ist sehr reiner Alkohol und in Apotheken oder Naturkosmetik-Rohstoffshops erhältlich. Leider ist auch er sehr teuer und für Reinigungsmittel fast zu schade. In vielen Supermärkten gibt es aber Ansatzkorn mit 80 Vol.-%, der sich sehr gut für die Herstellung von Reinigungsmitteln eignet. Für manche Produkte eignet sich auch normaler Wodka, der in der Regel um die 38–40 Vol.-% hat. Natürlich kann man auch die günstigeren Isopropylalkohole verwenden. Sie haben aber oft einen intensiven Duft beigemischt, den nicht jeder mag!

Verwendung in Reinigungsmitteln: Alkohol kann sehr gut Fett und Schmutz lösen sowie Keime und Bakterien abtöten. In Reinigungsmitteln dient er als Lösungsmittel, das Oberflächen effizient reinigt und gleichzeitig Keime bekämpft. In Fenster- bzw. Glasreinigern ist er unverzichtbar.

Lagerung: Gut verschlossen kühl und trocken lagern.

Vorsichtsmaßnahmen: Hochprozentiger Alkohol sollte nicht auf empfindlichen Oberflächen wie unbehandeltem Holz, Acryl oder bestimmten Kunststoffen verwendet werden, da er diese beschädigen oder verfärben kann. Am besten das Alkoholreinigungsmittel immer an einer unauffälligen Stelle testen, um die Verträglichkeit mit der Oberfläche zu überprüfen.
Arbeitet man mit Reinigungsmitteln, die viel Alkohol enthalten, besser ein Fenster öffnen und die Dämpfe nicht direkt einatmen.

Flüssige Kastilienseife

Die Geschichte der Kastilienseife reicht bis ins 11. Jahrhundert zurück, als sie in Aleppo, Syrien, hergestellt wurde. Sie wurde aus Oliven- und Lorbeeröl erzeugt und es gibt sie auch heute noch unter der Bezeichnung „Alepposeife" zu kaufen. Während dieser Zeit lernten Kreuzfahrer die Seife kennen und brachten sie nach Europa. Hier versuchte man, sie nachzuahmen, war aber zu Beginn nicht sonderlich erfolgreich. Die spanische Stadt Kastilien schaffte es schließlich, die Seife zu imitieren, und so wurde die Kastilienseife geboren, die aus reinem Olivenöl und ohne Zusatzstoffe hergestellt wird.
Auch heute hat sie noch immer ihre Bedeutung. Für Reinigungszwecke wird gerne die flüssige Kastilienseife verwendet. Im Handel gibt es mittlerweile viele Formen dieser kastilischen Seife. Daher ist auch hier ein Blick auf die Inhaltsstoffe ratsam. Man sollte auf beigefügte Stoffe wie Parabene, Mineralöl, Sulfate oder Ähnliches verzichten. Da die Originalrezeptur nicht so stark schäumt, gibt es heute Seifen, in denen gemeinsam mit dem Olivenöl auch Sonnenblumenöl und/oder Kokosöl verarbeitet werden.

Verwendung in Reinigungsmitteln: Ähnlich wie die Kernseife kann auch die Kastilienseife für viele Anwendungsgebiete im Haushalt eingesetzt werden. Sie entfernt Schmutz und Fett und kann auch für Waschmittel sehr gut verwendet werden.

Reaktionen: Kastilienseife reagiert mit Wasser und bildet eine milde, natürliche Seifenlösung, die als Reinigungsmittel verwendet werden kann.

Lagerung: Die Flüssigseife sollte in einem gut verschlossenen Behälter an einem kühlen und trockenen Ort gelagert werden.

Vorsichtsmaßnahmen: Kastilienseife ist wie andere Seifen für viele Anwendungen geeignet, aber man sollte sie nicht in die Augen bringen.

Schlämmkreide

Schlämmkreide ist ein natürliches Mineral, das in vielen Haushaltsreinigern und sogar in Zahnpflegeprodukten Verwendung findet. Das helle Pulver hat eine sanfte abrasive Wirkung.

Verwendung in Reinigungsmitteln: Das feine Pulver wird zum Beispiel für Scheuerpulver oder -milch verwendet, da es eine sanft abrasive Wirkung hat, die Oberflächen wie Keramik, Porzellan oder Edelstahl reinigt, ohne sie zu zerkratzen.

Reaktionen: Schlämmkreide ist chemisch stabil und reagiert normalerweise nicht mit anderen Substanzen in Reinigungsmitteln. Sie ist sicher auf den meisten Oberflächen anwendbar.

Lagerung: Schlämmkreide sollte in einem trockenen, gut verschlossenen Behälter aufbewahrt werden, um Feuchtigkeit zu vermeiden.

Ätherische Öle

Vielleicht kennst du ätherische Öle schon zur Raumbeduftung oder nutzt sie bei deiner Körperpflege? Sie sind wahre Kraftpakete, die man nicht nur auf ihren Duft reduzieren sollte. Je nach Einsatzgebiet haben sie eine Vielzahl an Wirkweisen. Für den Haushalt gibt es einige ätherische Öle, die eine keimtötende, antibakterielle und antifungale Wirkung haben. Darüber hinaus zaubern sie natürlich auch einen angenehmen Duft!
Pflanzen bilden ätherische Öle zu ihrem Schutz, um sich vor Austrocknung oder beispielsweise vor Fressfeinden zu schützen. Dabei gibt es Pflanzen wie etwa Lavendel, die sehr viel ätherisches Öl beinhalten. Streichst du über eine Lavendelpflanze, riechen deine Finger danach intensiv nach den Blüten.

Verwendung in Reinigungsmitteln: Es gibt eine Vielzahl an ätherischen Ölen, hier eine kurze Liste von Ölen und ihrer Verwendung im Haushalt:

- **Bergamotte:** hemmt Pilzwachstum, angenehmer sonniger Duft
- **Eukalyptus:** hemmt Pilzwachstum, wirkt desodorierend und erfrischend
- **Grapefruit:** wirkt antibakteriell und hat einen Gute-Laune-Duft
- **Kiefer:** wirkt antimikrobiell, antiviral und antibakteriell
- **Lavendel:** wirkt gegen Pilze, antibakteriell, desodorierend, beruhigender Duft
- **Limette:** wirkt antibakteriell, herrlich frischer Duft
- **Minze:** wirkt antibakteriell und hemmt Pilze, sehr erfrischender, klärender Duft
- **Rosmarin und Salbei:** wirken antibakteriell, antiviral und haben einen angenehm würzigen Duft
- **Teebaum:** wirkt antiviral und antibakteriell, hemmt Pilze, hat einen sehr intensiven Duft
- **Zitrone:** wirkt antibakteriell, antimikrobiell und hat einen erfrischenden Duft

Lagerung: Ätherische Öle sollte man gut verschlossen an einem dunklen und kühleren Ort lagern.

Vorsichtsmaßnahmen: Ätherische Öle niemals pur auf die Haut auftragen und nicht in die Augen bringen!

Du kannst die ätherischen Öle in den Rezepten nach deinem Wunsch austauschen!

Coco Glucosid

Ein sehr mildes, rein pflanzliches Tensid, welches besonders hautverträglich ist. Daher wird es sehr gerne in der Naturkosmetik verwendet, kann aber auch in natürlichen Reinigungsmitteln seine Waschkraft entfalten. Es wird auf der Basis von Kokosöl und Glucose hergestellt und kann vollständig biologisch abgebaut werden.

Verwendung in Reinigungsmitteln: Ähnlich wie die bereits vorgestellten Seifen kann dieses milde Tensid für viele Anwendungsgebiete im Haushalt herangezogen werden. So hilft es bei Schmutz und Fett und kann auch sehr gut für Handseifen verwendet werden. Hat man beispielsweise keine flüssige Kastilienseife zur Hand, kann diese durch Coco Glucosid ausgetauscht werden.

Reaktionen: Coco Glucosid reagiert mit Wasser und bildet eine milde, natürliche Seifenlösung, die als Reinigungsmittel verwendet werden kann.

Lagerung: Das Tensid sollte in einem gut verschlossenen Behälter an einem kühlen und trockenen Ort gelagert werden.

Vorsichtsmaßnahmen: Nicht in die Augen bringen.

Rezepte, Tipps & Tricks

In den folgenden Kapiteln findest du verschiedene Reinigungsmittel sowie Tipps und Tricks zur Fleckenentfernung. Achte beim Putzen darauf, dass du die Fenster öffnest, damit Dämpfe austreten können, und trage wenn möglich Handschuhe.

Allzweckreiniger & Glasreiniger

Allzweckreiniger sind, wie der Name schon sagt, für vieles verwendbar und dürfen in keinem Haushalt fehlen. Sie können für eine breite Palette an Oberflächen und für allerlei Verschmutzungen verwendet werden. Schmutz, Fett, Staub oder Flecken können mit den Universalmitteln behandelt werden.

Kräuter-Zitrus-Reiniger

Enzymreiniger

Aschenlauge

Glasreiniger für Fenster

Spiegelreiniger

Kräuter-Zitrus-Reiniger

In den Schalen von Zitrusfrüchten befinden sich feine Drüsen, in denen sich ätherische Öle bilden. Diese entwickelt die Frucht, um sich vor Schädlingen, Pilzen und Bakterien zu schützen. Für den Haushalt wirken die darin enthaltenen Terpene fettlösend und desinfizierend und können selbst hartnäckige Verschmutzungen lösen. Der Zitrusessig ist eine sehr gute Basis zum Reinigen von verschiedenen Oberflächen. Er kann bei starken Verschmutzungen pur oder verdünnt als Allzweckreiniger verwendet werden.

Material

- frische Zitrusschalen
- Essig
- Kräuter wie Rosmarin, Salbei, Lavendel oder Wacholderbeeren
- Essigsäure kann bedenkliche Bestandteile aus dem Kunststoff lösen und Metalle angreifen, daher auf eine Glasverpackung achten.

So wird's gemacht

Die Zitrusschalen und die Kräuter klein schneiden und in ein verschließbares Glas schichten. Mit dem Essig übergießen und das Glas verschließen.

Sollten sich die Schalen mit der Zeit mit Essig vollsaugen, noch etwas Essig nachgießen, sodass die Zitrusschalen immer bedeckt sind.

Für etwa 2–3 Wochen ziehen lassen und dann abseihen.

Haltbarkeit:
etwa 1 Jahr
Aufwand: ●●○

Tipp

Fülle 200 ml destilliertes Wasser, 200 ml Zitrusessig und 1 TL Spülmittel in eine Sprühflasche, schwenke die Mischung kurz hin und her und schon ist ein vielseitiges Reinigungsmittel fertig.

Enzymreiniger

Enzymreiniger

Wie der Name schon sagt, enthält der Reiniger sogenannte „Enzyme", die wie eine Art Katalysator wirken und die chemische Reaktion schneller ablaufen lassen. Enzyme sind Eiweiße, welche auch biochemische Reaktionen in unserem Körper steuern und/oder beschleunigen. Also etwas ganz Natürliches. Als Reinigungsmittel verwendet, spalten sie gewisse Stoffe und können sie dadurch neutralisieren. So werden Flecken, Ablagerungen und unangenehme Gerüche, die beispielsweise durch Schweiß, Urin, Gras oder Blut verursacht wurden, schneller aufgelöst.
Einen Enzymreiniger kann man aus Küchenabfällen herstellen, allerdings braucht man dazu etwas Zeit, da dabei eine Fermentation passiert.

Material

- 300 g Zitrusschalen (Zitronen, Orangen etc.)
- 3 g Trockenhefe
- 100 g Zucker
- 1 l Wasser (sollte lauwarm sein, zum Aktivieren der Hefe)
- 2-Liter-Flasche, eventuell Göraufsatz
- Messer und Brett zum Zerkleinern
- 4 EL Essig (nach dem Fermentationsprozess)

So wird's gemacht

Als Erstes werden die Zitrusschalen klein geschnitten, sodass sie durch einen Flaschenhals passen. Da sich bei der Fermentation Gase entwickeln, eignen sich Limonadenflaschen sehr gut. Gurkengläser oder Ähnliches sind nicht so gut geeignet, da die Gläser besser einen Flaschenhals haben sollten.

Danach den Zucker, die Hefe und die klein geschnittenen Zitrusschalen in die Flasche füllen.

Mit dem lauwarmen Wasser übergießen und gut schütteln, sodass sich der Zucker nach und nach auflöst.

Jetzt heißt es, den Reiniger täglich zu betreuen. Das bedeutet, die Flasche täglich ein- bis zweimal schütteln und die Flasche öffnen, damit die Gase entweichen können. Wenn du einen Gäraufsatz für die Flasche hast, kannst du auch diesen verwenden. Es ist auf jeden Fall wichtig, dass die Gase regelmäßig entweichen können. Denn Gase entstehen während des Fermentationsprozesses, da die Hefe den Zucker in Alkohol und Kohlendioxyd verwandelt.

Am besten lagerst du den Enzymreiniger während der Fermentation an einem möglichst warmen Ort, damit die Hefe gut arbeiten kann.

Du solltest den Reiniger für etwa 2–3 Wochen fermentieren lassen. In dieser Zeit wird die Flüssigkeit leicht milchig und ist nicht mehr so klar wie zu Beginn des Fermentationsprozesses. Jetzt kann der natürliche Reiniger abgeseiht werden.

Mische den puren Reiniger mit 4 EL Essig und fülle ihn in eine Flasche, die gut verschlossen ist. So hält sich der Reiniger am besten, denn Sauerstoff verringert mit der Zeit seine Wirkung.

Den Enzymreiniger mit Wasser verdünnen, so erhält man einen sehr guten Allzweckreiniger. Dafür mischt man etwa 50 ml Enzymreiniger mit etwa 450 ml Wasser und füllt die Mischung in eine Sprühflasche. Vor dem Gebrauch immer wieder gut schütteln. Den Allzweckreiniger kannst du im Bad, in der Küche, für Flecken etc. verwenden. Bei empfindlichen Oberflächen etwas mehr verdünnen und vorsichtig ausprobieren. Brauchst du eine intensivere Reinigungskraft, kannst du den Enzymreiniger auch pur verwenden.

Tipp

Wichtig ist, dass die Zitrusschalen möglichst frisch sind. Sie dürfen nicht verunreinigt oder schimmlig sein. Bevor du sie verwendest, wasche sie gut mit lauwarmem Wasser ab.

Haltbarkeit:
etwa 1 Jahr
Aufwand: ●●●

Aschenlauge

Früher wurde Asche vielfältig eingesetzt, doch fast niemand weiß darüber heutzutage noch Bescheid. Meist wird sie achtlos weggeschmissen, dabei kann man das vermeintliche Abfallprodukt sogar fürs Putzen verwenden. Als angesetzte Lauge gibt man sie für die Bodenreinigung zum Putzwasser oder reinigt andere Oberflächen damit.

Material

- 6 EL gesiebte Holzasche
- 1 l Wasser

So wird's gemacht

Die Asche in eine Schüssel geben und mit dem Wasser übergießen. Mit einem Löffel umrühren und danach für etwa 6 Stunden ziehen lassen. Je länger die Asche zieht, desto stärker wird die Lauge bzw. desto höher wird der pH-Wert.

Dabei sinkt die Asche zu Boden und die entstandene Lauge kann abgeschöpft werden.

Die gewonnene Lauge nochmals durch ein Sieb abseihen.

Die Lauge mit einem pH-Wert-Streifen testen. Optimal ist ein pH-Wert zwischen 9 und 11. Höher als 12 sollte er nicht sein, da die Lauge sonst ätzend wirken kann. Ist dies der Fall, am besten mit Wasser verdünnen.

Die Lauge kann nun als Bodenreiniger oder zum Reinigen von Oberflächen verwendet werden.

Haltbarkeit: immer frisch ansetzen
Aufwand: ●○○

Tipp

pH-Wert-Streifen sind in der Apotheke erhältlich.

Glasreiniger für Fenster

Fensterputzen gehört nicht gerade zu meinen Lieblingsbeschäftigungen, aber wenn sie wieder frisch gereinigt sind, merkt man einfach den Unterschied und der Aufwand hat sich gelohnt.

Material

- 40 g Essig
- 40 g Alkohol (80 Vol.-%)
- 1 TL Stärke
- 100 ml destilliertes Wasser
- optional: 10 Tropfen ätherisches Lavendelöl, 10 Tropfen ätherisches Zitronenöl

So wird's gemacht

Alle Zutaten in eine Flasche mit Sprühaufsatz geben und gut schütteln. Die Stärke setzt sich mit der Zeit am Boden ab, daher vor der Verwendung immer gut schütteln. Man kann die Stärke auch weglassen, sie sorgt aber dafür, dass Verschmutzungen besser gelöst werden können.

Haltbarkeit: mehrere Monate
Aufwand: ●○○

Spiegelreiniger

Nicht nur Fenster, sondern auch Spiegel wollen in frischem Glanz erstrahlen. Das Rezept ist sehr ähnlich wie das für den Glasreiniger für Fenster, kommt aber ohne Stärke aus!

Material

- 100 g Essig
- 30 g Alkohol (80 Vol.-%)
- 50 g destilliertes Wasser
- optional: 20 Tropfen ätherisches Zitronenöl

So wird's gemacht

Alle Zutaten in eine Flasche mit Sprühaufsatz geben und gut schütteln.

Haltbarkeit: mehrere Monate
Aufwand: ●○○

Küche

Die Küche ist zweifellos das Herzstück eines jeden Hauses. Hier treffen sich Familie und Freunde, um gemeinsam Mahlzeiten zuzubereiten und Erinnerungen zu schaffen. Doch neben all der Geselligkeit und den kulinarischen Leckerbissen entsteht auch dementsprechend viel Schmutz, der täglich anfällt. Auch für die Küche gibt es viele einfache Reinigungsmittel, die das Leben leichter machen und die noch dazu natürlich sind!

Handspülmittel mit Efeu und Kräutern

Handspülmittel

Geschirrspültabs oder -pulver

Klarspüler für die Spülmaschine

Putzstein

Holzpaste mit Bienenwachs

Backofenreiniger

Aschepulver als Scheuermittel

Duftsteine für Kühlschrank oder Mülleimer

Tipps & Tricks für die Küche

Handspülmittel mit Efeu und Kräutern

Efeu kann man das ganze Jahr über sammeln und Spülmittel oder Waschmittel damit herstellen. Für die Küche können noch duftende Kräuter wie Lavendel oder Rosmarin hinzugefügt werden, die zudem antibakteriell wirken.

Material

- 2 Handvoll Efeublätter
- 1 EL frische oder getrocknete Lavendelblüten
- 1 EL frische oder getrocknete Rosmarinnadeln
- 300 ml Wasser
- 1 TL Waschsoda

So wird's gemacht

Die Efeublätter zerkleinern und gemeinsam mit den Kräutern in einen Topf geben. Mit kochendem Wasser übergießen und zugedeckt für einige Stunden ziehen lassen.

Danach durch ein Sieb abseihen, Waschsoda hinzufügen und in eine Flasche füllen.

Zum Geschirrreinigen in der Spüle etwa 100 ml des Mittels in das Abwaschbecken geben, mit Wasser auffüllen und das Geschirr damit waschen.

Haltbarkeit: im Kühlschrank lagern, innerhalb 1 Woche aufbrauchen
Aufwand: ●○○

Handspülmittel

Dieses Handspülmittel ist länger haltbar als das mit Efeu. Hat man keine Zeit, es frisch anzusetzen, ist die Variante mit dem natürlichen Tensid Coco Glucosid eine gute Alternative.

Material

- 100 g destilliertes Wasser
- 25 g Natron
- 5 g Glycerin
- 10 g Alkohol (80 Vol.-%)
- 1 g Xanthan (Gelbildner)
- 120 g Coco Glucosid
- ätherische Öle:
  20 Tropfen Zitrone,
  5 Tropfen Lavendel

So wird's gemacht

Destilliertes Wasser leicht erwärmen und darin das Natron lösen.

Glycerin und Alkohol abwiegen und das Xanthan damit vermischen. Anschließend mit einem Rührbesen oder Mixer das destillierte Wasser unterrühren. Es entsteht bereits ein leichtes Gel, bis es sich vollständig entwickelt, dauert es oft mehrere Stunden.

Anschließend das Coco Glucosid langsam einrühren. Da es schnell zu schäumen beginnen kann, nur vorsichtig rühren.

Die ätherischen Öle hinzugeben und in eine Spenderflasche abfüllen.

Haltbarkeit: mehrere Monate
Aufwand: ●●○

Geschirrspültabs oder -pulver

Geschirrspültabs oder -pulver

Geschirrspüler sind sehr praktisch und ich bin sehr froh, einen zu besitzen. Denn mit Kind und täglichem Kochen kommt doch einiges an Geschirr zusammen. Da ist es sehr angenehm, wenn diese Arbeit von einer Maschine übernommen wird. Der erste Geschirrspüler wurde in den 1880er-Jahren von einer Frau erfunden. Josephine Cochrane zeigte ihr patentiertes Modell auf der Weltausstellung 1893 in ihrer Heimatstadt Chicago und bekam sogar einen Preis dafür. Sie musste sich zu dieser Zeit allerdings noch als Mann ausgeben, denn als Frau wurde sie nicht zugelassen.

Material für die Tabs

- 140 g Waschsoda
- 100 g Natron
- 60 g Zitronensäure
- 60 g Salz ohne Rieselhilfe oder Geschirrspülsalz
- 1 EL Stärke (Mais- oder Kartoffelstärke)
- 10–12 EL Wasser
- Eiswürfelformen oder kleine Silikonformen

So wird's gemacht

Alle trockenen Zutaten in einer Schüssel vermischen. Das Wasser nach und nach hinzugeben. Die Mischung wird zu schäumen beginnen, das ist völlig normal. Es sollte sich leicht sandig, aber nicht zu nass anfühlen. Ist die Mischung noch etwas zu trocken, gib etwas mehr Wasser hinzu.

Anschließend in Formen drücken und für mehrere Tage durchtrocknen lassen. Achte bei der Form darauf, dass die Tabs nicht zu groß sind, sodass sie in das Geschirrspülfach passen. Falls du keine passende Form zur Hand hast, forme mit den Händen kleine Kugeln und drücke sie etwas flach, danach auf ein Backpapier legen und trocknen lassen.

Material für das Pulver

- 140 g Waschsoda
- 100 g Natron
- 60 g Zitronensäure
- 60 g Salz ohne Rieselhilfe oder Geschirrspülsalz

So wird's gemacht

Alle Zutaten in eine Schüssel geben und gut vermischen. Danach in ein Glas abfüllen.

Zur Anwendung etwa 1–2 EL in das Geschirrspülfach für die Tabs geben.

Haltbarkeit: mehrere Monate
Aufwand Tabs: ●●○
Aufwand Pulver: ●○○

Klarspüler für die Spülmaschine

Neben den Geschirrspültabs oder dem -pulver braucht man für den Geschirrspüler auch noch einen Klarspüler, damit der Glanz auf Geschirr und Gläsern erhalten bleibt und Kalkflecken vermieden werden. Auch so ein Klarspüler ist ruckzuck hergestellt!

Material

- 30 g Zitronensäure
- 300 g destilliertes Wasser
- 70 g Alkohol (Ansatzkorn 80 Vol.-%)
- optional: 10 Tropfen ätherisches Zitronenöl, 10 Tropfen ätherisches Orangenöl
- 30 g Coco Glucosid

So wird's gemacht

Zunächst wird die Zitronensäure im erwärmten Wasser unter Rühren gelöst. Anschließend die ätherischen Öle in den Alkohol tropfen. Danach den Alkohol zum Wasser geben und das Coco Glucosid langsam untermischen. Da dies schäumen kann, nicht zu viel schütteln.

Alles in eine Flasche füllen und verschließen.

Die Flüssigkeit in das Geschirrspülfach für den Klarspüler einfüllen, so wird bei jedem Waschgang automatisch die richtige Menge verwendet.

Haltbarkeit: mehrere Monate
Aufwand: ● ○ ○

Putzstein

Putzstein

Ein Putzstein ist eine feste Reinigungspaste, die man sehr vielfältig verwenden kann. Mit einem nassen Schwamm feuchtet man den Putzstein an und nimmt so etwas von der Paste auf den Schwamm auf. Mithilfe des Schwamms können Verschmutzungen, Verkalkungen, Fette und Öle von vielen Oberflächen entfernt werden. In der Küche kann man den Putzstein auf Edelstahl, Glaskeramik, Herd, Backofen, Dunstabzugshaube, für Pfannen und Töpfe, Geschirr und Besteck verwenden. Er ist auch geeignet, um das Ceranfeld zu reinigen. Auch im Bad ist der Putzstein ein Allrounder und eine Alternative zur Scheuermilch, wo er für Armaturen, Badewanne und Fliesen verwendet werden kann. Auch so manche verschmutzten Sneaker bekommt man mit dem Putzstein wieder sauber. Verwende den Putzstein aber nicht für Acrylglas, Aluminium oder Autolack!

Für den Putzstein wird Schlämmkreide verwendet. Dabei handelt es sich um sehr feine und hochwertige Kreide, auch bekannt als „Heilkreide“ oder „Calciumcarbonat“. Sie wird aus Kalkgestein gewonnen, sehr bekannt ist die Rügener Heilkreide. Im Putzstein sorgt sie dafür, dass auch Verkrustungen oder hartnäckige Verschmutzungen gelöst werden können.

Material

- 30 g Kernseife, Alepposeife oder eine andere Naturseife
- 100 g destilliertes Wasser
- 60 g Kokosöl
- 50 g Waschsoda
- 60 g Schlämmkreide (Calciumcarbonat)
- optional: 25 Tropfen ätherisches Öl wie Teebaum, Rosmarin oder Lavendel
- weithalsiges Glas oder eine Dose zum Abfüllen

So wird's gemacht

Die Seife möglichst fein raspeln. Je feiner sie ist, desto einfacher löst sie sich im Wasser.

Das Wasser in einen Topf geben und erwärmen. Die Seifenraspeln hinzugeben und unter Rühren schmelzen lassen. Es braucht etwas Geduld, bis sich die Seife gelöst hat. Es sollte eine gelartige Masse entstehen. Löst sich die Seife dennoch nicht vollständig auf, kann mit dem Pürierstab kurz aufgemixt werden.

Danach das Kokosöl hinzugeben und schmelzen lassen.

Topf vom Herd nehmen, die restlichen Zutaten untermischen und gut verrühren.

Den Putzstein unverschlossen einen Tag aushärten lassen.

Haltbarkeit: mehrere Monate
Aufwand: ●●●

Holzpaste mit Bienenwachs

Holzbretter oder Holzlöffel sind in der Küche wunderbar, mit der Zeit bedürfen sie allerdings etwas Pflege. Aus Olivenöl und Bienenwachs entsteht eine Paste, die Holzutensilien wieder auffrischt!

Material

- 60 g Olivenöl
- 10 g Bienenwachs
- optional: 10 Tropfen ätherisches Limettenöl

So wird's gemacht

Öl und Bienenwachs in ein feuerfestes Glas abwiegen. Im Wasserbad bei mittlerer Temperatur erhitzen, sodass das Wachs schmilzt.

Ist das Bienenwachs geschmolzen, vom Herd nehmen und mit einem Löffel auf Handwärme rühren. Das ätherische Öl untermischen und in einen Tiegel abfüllen.

Haltbarkeit: 1 Jahr
Aufwand: ●●○

Tipp

Dieser Balsam pflegt nicht nur Holz, sondern auch raue Hautstellen.

Backofenreiniger

Mancher Backofen ist bereits mit einem Pyrolyse-Programm ausgestattet, welches eine Selbstreinigung durch Hitze durchführt. Hat man dieses nicht, kann man eine Paste anrühren, mit der man Schmutz und Verkrustungen auflöst. Die Paste kann auch zum Reinigen der Backbleche verwendet werden.

Material

- 50 g Natron
- 2 EL Essig
- 1 TL flüssige Kastilienseife

So wird's gemacht

Alle Zutaten gut vermischen und den Backofen damit einstreichen. 1–2 Stunden einwirken lassen, danach Verkrustungen mit einem Schwamm oder Tuch entfernen. Mit warmem, klarem Wasser nochmals nachwischen.

Haltbarkeit: sofort verwenden

Aufwand: ●○○

Aschepulver als Scheuermittel

Auch in der Küche kann Asche gut verwendet werden. Als Scheuermittel reinigt sie etwa das Abwaschbecken oder das Ceranfeld sehr gut.

Material

- gesiebte Asche
- etwas Wasser
- Tuch oder Schwamm

So wird's gemacht

Ein Spültuch oder einen Schwamm anfeuchten und in die gesiebte Asche tupfen. Damit die Spüle oder das Ceranfeld reinigen. Alternativ 1 EL Asche mit ein wenig Wasser zu einer Paste verrühren und damit putzen.

Haltbarkeit: sofort verwenden
Aufwand: ●○○

Tipp

Asche am besten auf Vorrat in ein Glas sieben. So hat man jederzeit einen praktischen Reiniger zur Hand.

Duftsteine für Kühlschrank oder Mülleimer

Sowohl im Kühlschrank als auch im Mülleimer können sich unangenehme Gerüche festsetzen. Hier kann Natron helfen, welches Düfte binden kann. Man kann entweder ein kleines Schüsselchen mit etwas Natron in den Kühlschrank oder auf den Boden des Mülleimers stellen oder auch praktische Duftsteine herstellen, die mit ätherischen Ölen und Kräutern beduftet sind.

Material

- 240 g Natron
- 60 g Speisesalz
- 40 g Wasser
- optional: 30 Tropfen ätherische Öle wie Grapefruit, Thymian oder Rosmarin
- optional: Lavendelblüten, Thymianblätter

So wird's gemacht

Natron und Salz in einer Schüssel vermischen. Das Wasser nach und nach hinzugeben, bis eine sandige Masse entstanden ist. Es sollte nicht zu feucht sein, ansonsten noch etwas mehr Natron hinzumischen. Ätherische Öle und Kräuter hinzugeben und gut durchmischen. Masse in Silikonformen füllen und für einige Tage durchhärten lassen.

Je nach Größe der Duftsteine zwei oder mehrere in den Kühlschrank oder auf den Boden des Mülleimers legen. Den Rest in einem Glas verschlossen aufbewahren.

Haltbarkeit: mehrere Monate
Aufwand: ●●○

Tipps & Tricks für die Küche

Fruchtfliegenfalle
Im Sommer und Herbst, wenn viele Früchte reifen, kommen auch gerne Fruchtfliegen ins Haus. Um diese in die Falle zu locken, etwas Essig oder Fruchtsaft mit einem Spritzer Spülmittel vermischen und neben das Obst stellen.

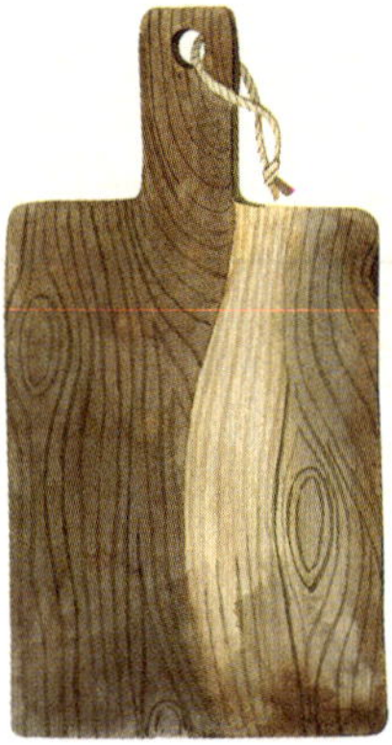

Schneidebretter reinigen
Eine Zitrone aufschneiden, mit etwas Salz bestreuen und das Schneidebrett damit gut einreiben. Immer wieder etwas Salz nachstreuen und mit der Zitrone einarbeiten. Danach mit Wasser abwaschen und trocken reiben.

Mit Zinnkraut putzen
Eine Handvoll Zinnkraut bzw. Ackerschachtelhalm frisch pflücken und ein paar Stunden anwelken lassen. Danach zu einem Knäuel drehen und Zinngeschirr damit putzen. Die darin enthaltenen Kieselsäurekristalle machen das Zinn wieder glänzend.

Wasserkocher entkalken
1 EL Zitronensäure in den Wasserkocher geben und mit kaltem Wasser auffüllen. Einwirken lassen und ausspülen. Wichtig: Der Wasserkocher darf mit der Zitronensäure nicht erhitzt werden.

Glasflaschen reinigen
1–2 EL Reiskörner in eine Flasche füllen, etwas Wasser hinzugeben und die Flasche gut schütteln. So lassen sich auch Flecken an nicht gut zugänglichen Stellen entfernen.

Milchige Gläser
Glas etwa bis zur Hälfte mit lauwarmem Wasser befüllen, dann mit Essig aufgießen. Für etwa eine halbe Stunde lang einwirken lassen, danach mit frischem Wasser ausspülen.

BAD & WC

Das Badezimmer gehört oft zu jenen Räumen, in denen wir unsere Pflegeroutinen umsetzen und Entspannung im warmen Wasser und in ruhiger Atmosphäre suchen. Am besten kann man diese Zeiten genießen, wenn es sauber und hygienisch ist. Da hier viel Wasser verwendet wird, sind die Themen Kalk und Ablagerungen für die Reinigungsmittel wichtig.

Handseife für einen Schaumspender

Toilettenreinigungsgel

Toilettentabs

Scheuerpaste

Tipps & Tricks für Bad und WC

Handseife für einen Schaumspender

Ein Schaumspender für Seifen ist sehr sparsam in der Anwendung und noch dazu fühlt sich der Schaum beim Reinigen der Hände angenehm seidig an. Daher lohnt es sich, in einen speziellen Schaumspender zu investieren. Mittlerweile gibt es sehr schöne Designs, die auch preiswert sind. Normale Seifenspender erzeugen keinen Schaum, daher ist hier ein Schaumspender notwendig.

Material

- 250 ml destilliertes Wasser
- 50 g flüssige Kastilienseife
- 10 g Glycerin
- 20 ml Korn (80 Vol.-%)
- 60 Tropfen Kaliumsorbatlösung zur Konservierung

So wird's gemacht

Alle Zutaten in eine Schüssel geben und langsam verrühren. Danach in den Schaumspender füllen.

Tipp

Der Seife kann natürlich auch mit ätherischen Ölen ein Duft beigefügt werden!

Haltbarkeit: 2–3 Monate
Aufwand: ●○○

Toilettenreinigungsgel

Zum Reinigen der Toilette ist das Gel sehr praktisch, da es durch die gelartige Struktur an der Oberfläche haften bleibt und so besser einwirken kann. Nach dem Auftragen des Gels für eine halbe Stunde einwirken lassen, danach abschrubben und spülen.

Material

- 400 ml destilliertes Wasser
- 100 g Zitronensäure
- 75 g Coco Glucoside
- 50 ml Korn (80 Vol.-%)
- 1 TL Xanthan
- optional: ätherische Öle: 35 Tropfen Zitrone, 20 Tropfen Teebaumöl

So wird's gemacht

Zitronensäure und Wasser in eine Schüssel geben und unter Rühren lösen.

Anschließend das Coco Glucosid langsam einrühren.

Das Xanthan und die ätherischen Öle mit dem Korn vermischen, gut verrühren und kurz stehen lassen. Danach langsam in die Wassermischung einrühren.

Alles in eine Flasche abfüllen und für einige Stunden stehen lassen, bis sich das Gel komplett ausgebildet hat.

Haltbarkeit: mehrere Monate
Aufwand: ●●○

Toilettentabs

Toilettentabs sind sehr praktisch, da sie durch ihre sprudelnde Wirkung schon einiges an Schmutz lösen und die Reinigung danach um einiges einfacher ist.

Material

- 200 g Natron
- 100 g Zitronensäure
- 100 g feines Spülmaschinensalz
- etwas Wasser
- optional: 30 Tropfen ätherische Öle wie Zitrone, Lavendel oder Teebaum

So wird's gemacht

Natron, Zitronensäure und Salz in einer Schüssel vermengen. 1 EL Wasser hinzugeben und gut vermischen. Es fängt dabei zu sprudeln an, was völlig normal ist. Weiteres Wasser hinzugeben, bis eine sandige, nicht zu nasse Mischung entsteht.

Ätherische Öle hinzufügen, nochmals durchmischen und anschließend in Silikonformen abfüllen und aushärten lassen.

Zur Anwendung je nach Größe 1–2 Tabs in die Toilette geben und einwirken lassen, danach wie gewöhnlich reinigen. Den Rest der Tabs in einem Glas verschlossen aufbewahren.

Haltbarkeit: mehrere Monate
Aufwand: ●●○

Scheuerpaste

Eine Scheuerpaste, die Schmutz und Kalk löst, ist im Bad sehr hilfreich. Dabei gibt man etwas von der Paste auf einen Schwamm oder ein Tuch und reibt die schmutzigen Stellen damit ein. Mit Wasser nachwischen.

Material

- 125 g Natron
- 75 g Waschsoda
- 100 g Wasser
- 60 g flüssige Kastilienseife

So wird's gemacht

Natron und Waschsoda in einer Schüssel vermischen. Nach und nach das Wasser hinzugeben und gut verrühren. Die Mischung wird durch das Wasser warm, das ist eine natürliche Reaktion des Waschsodas mit dem Wasser. Zum Schluss noch die Kastilienseife unterrühren. Zu Beginn ist die Paste noch etwas weich, dickt aber mit der Zeit an.

Haltbarkeit: mehrere Monate
Aufwand: ●●○

Tipps & Tricks für Bad und WC

Nagelbürsten reinigen
In eine Schüssel Wasser füllen, etwas Essig hinzugeben und die Nagelbürsten darin einlegen. Einwirken lassen und anschließend mit Wasser abwaschen.

Ergraute Fugen
Die Borsten einer Zahnbürste in Essigessenz tauchen und damit ergraute Fugen abschrubben.

Abfluss reinigen
100 g Natron in den Abfluss geben, anschließend 100 g Essig nachgießen und für etwa 1 Stunde einwirken lassen. Danach mit heißem Wasser nachspülen, damit sich Verschmutzungen gut lösen können.

Duschkopf reinigen
Etwas Essig in einen Plastikbeutel füllen und über den Duschkopf ziehen. Mit einem Gummiband verschließen und für mehrere Stunden einwirken lassen. So werden Kalkablagerungen gut gelöst.

Fugen reinigen
2 EL Natron mit etwas lauwarmem Wasser zu einer Paste mischen und mit einer Zahnbürste auf die Fugen auftragen. Eine halbe Stunde einwirken lassen, danach abwaschen.

Schimmel beseitigen
Mit Wasserstoffperoxid in 3%iger Lösung kann man Pilzsporen verlässlich abtöten. Dazu etwas von der Lösung auf die betroffenen Stellen auftupfen.

Urinstein lösen
3–4 EL Essigessenz in die Toilette leeren und über Nacht einwirken lassen.

Waschküche

Die Waschküche, oft ein funktionaler und weniger glamouröser Raum im Haus, verdient dennoch mehr Aufmerksamkeit. Schließlich tragen wir unsere Kleidung tagtäglich und wollen, dass sie schön, fleckenfrei und möglichst langlebig ist. Mit den natürlichen Waschmitteln können wir auch sicher sein, dass keine bedenklichen Stoffe über die Haut aufgenommen werden.

Waschmittel mit Kastanien für bunte und dunkle Wäsche

Efeuwaschmittel

Flüssigwaschmittel mit Kastilienseife

Waschpulver

Feinwaschmittel

Tipps & Tricks für die Waschküche und fürs Bügeln

№ 19

Waschmittel mit Kastanien für bunte und dunkle Wäsche

Herbstzeit ist Kastanienzeit und ich freue mich jedes Jahr auf die dunkelbraunen Früchte! Das heißt aber nicht, dass man nur im Herbst mit Kastanien waschen kann, denn die Früchte kann man wunderbar trocknen und sich so einen Vorrat fürs ganze Jahr anlegen. Wie man das Kastaniengranulat herstellt, wird auf Seite 19 beschrieben.

Material

- 5 EL Kastaniengranulat
- 3 EL getrocknete Lavendelblüten
- 250 ml Wasser
- optional: 10 Tropfen ätherisches Lavendelöl

So wird's gemacht

Kastaniengranulat und Lavendelblüten in einen Topf geben. Mit heißem Wasser übergießen und zugedeckt für 1–2 Stunden ziehen lassen.

Danach abseihen, ätherisches Öl hinzugeben und den Sud ins Hauptfach der Waschmaschine geben.

Tipp

Ist die Wäsche sehr verschmutzt, kann der Mischung noch 1 EL Waschsoda hinzugefügt werden.

Haltbarkeit: Kastaniensud sofort verwenden
Aufwand: ●○○

Efeuwaschmittel

Efeu kann wie die Kastanien zum Wäschewaschen verwendet werden. Hat man im Herbst keine Kastanien gefunden oder geht der Vorrat an Kastanien zur Neige, sind Efeublätter eine gute Alternative, da man sie das ganze Jahr über sammeln kann.

Material

- 25 g frische Efeublätter
- 250 ml Wasser
- optional: 10 Tropfen ätherisches Lavendelöl

So wird's gemacht

Efeublätter klein schneiden und in einen Topf geben. Mit heißem Wasser übergießen und zugedeckt für 1–2 Stunden ziehen lassen. Danach abseihen, ätherisches Öl hinzugeben und den Sud ins Hauptfach der Waschmaschine geben.

Haltbarkeit: sofort verwenden
Aufwand: ●○○

Tipp

Ist die Wäsche sehr verschmutzt, kann der Mischung noch 1 EL Waschsoda hinzugefügt werden.

№ 11

Flüssigwaschmittel mit Kastilienseife

Wer jederzeit ein Waschmittel zur Hand haben möchte, ohne vorher einen Ansatz mit Kastanien oder Efeu herzustellen, für den ist das Flüssigwaschmittel eine gute Alternative.

Material

- 100 g Waschsoda
- 750 ml destilliertes Wasser
- 150 g Kastilienseife
- optional: 40 Tropfen ätherisches Öl, etwa Lavendel

So wird's gemacht

Waschsoda in eine Schüssel geben, das destillierte Wasser langsam hinzugeben und verrühren. Anschließend nach und nach die Kastilienseife einrühren. Zum Schluss noch das ätherische Öl untermischen und in eine Flasche abfüllen.

Für einen Waschgang etwa 20 ml des Waschmittels hinzufügen.

Haltbarkeit: 6 Monate
Aufwand: ●○○

Waschpulver

Auch das klassische Waschpulver ist einfach herzustellen und darf in der Waschküche nicht fehlen. Diesmal wird Kernseife verwendet, die ebenso eine gute Waschkraft hat. Falls du eine andere Seife für das Waschpulver verwenden möchtest, achte bitte darauf, dass sie möglichst nicht überfettet ist.

Material

- 100 g Kernseife
- 150 g Waschsoda
- 150 g Natron
- 120 g feines Spülmaschinensalz
- 100 g Zitronensäure
- optional: 50 Tropfen ätherisches Öl, etwa Lavendel

So wird's gemacht

Kernseife so fein wie möglich raspeln. Dies gelingt in einem Mixer, welcher zerkleinern kann, sehr gut.

Anschließend die anderen Zutaten hinzufügen und entweder mit der Hand untermischen oder im Mixer kurz durchmischen lassen.

In ein Glas füllen und etwa 30 g der Mischung zum Waschen verwenden.

Haltbarkeit: etwa 1 Jahr
Aufwand: ●●○

Feinwaschmittel

Empfindliche Fasern vertragen Waschsoda oder Zitronensäure nicht so gut. Daher benötigt man für diese Kleidungsstücke ein eigenes Waschmittel. Mit wenigen Zutaten gelingt aber auch dieses im Handumdrehen.

Material

- 50 g flüssige Kastilienseife
- 50 ml Alkohol (80 Vol.-%)
- 400 ml destilliertes Wasser

So wird's gemacht

Alle Zutaten abwiegen, vermischen und in eine Flasche füllen.

Zum Waschen etwa 30 ml des Waschmittels verwenden.

Haltbarkeit: etwa 6 Monate
Aufwand: ●○○

Tipps & Tricks für die Waschküche und fürs Bügeln

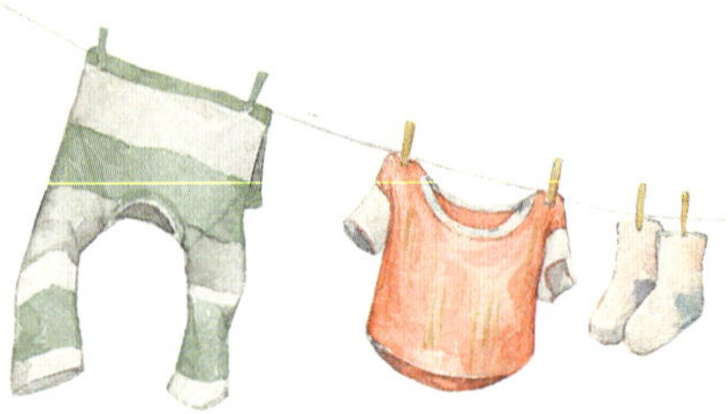

Weichspüler

Etwa 20 ml Essig in das Weichspülerfach leeren. Nach dem Trocknen riecht die Wäsche nicht mehr nach Essig, sondern ist angenehm weich.

Einfache Sprühstärke

200 ml Wasser aufkochen, auf Handwärme abkühlen lassen, dann 2 EL Stärke unterrühren und in eine Sprühflasche füllen. Auf die Wäsche aufsprühen und bügeln. Nicht bei empfindlichen Materialien verwenden.

Duftendes Bügeln

Etwas Hydrolat – etwa Lavendel- oder Orangenblütenhydrolat – als Bügelwasser verwenden.

Dufttücher für den Trockner

Alte Stofftücher mit 2–3 Tropfen ätherischem Öl nach Wahl beträufeln und zur Wäsche in den Trockner geben.

Kernölflecken
Verschmutzte Stelle mit Wasser befeuchten und das Kleidungsstück in die Sonne legen. Der Fleck verschwindet mit der Zeit, weil der Farbstoff des Kernöls nicht lichtstabil ist.

Fettflecken
Den Fleck in Milch einweichen, danach mit lauwarmem Wasser ausspülen.

Gelbe Schweißflecken
Etwa 10 g Zitronensäure in 1 l Wasser lösen und die Kleidung für ungefähr 24 Stunden darin einweichen. Danach ausspülen und wie gewohnt waschen. Da Zitronensäure die Farbe angreifen kann, unbedingt an einer versteckten Stelle testen.

Blutflecken
Frische Blutflecken sofort mit kaltem Wasser ausspülen. Eingetrocknete Flecken mit etwas Zitronensaft beträufeln und einwirken lassen, danach ausspülen. Bei feinen Stoffen wie Seide mit etwas Alkohol betupfen und so lange fortfahren, bis der Fleck sich löst.

Rotweinflecken
Mit kohlensäurehaltigem Mineralwasser auswaschen, danach normal in der Waschmaschine waschen. Oder: Mit Zitronensaft beträufeln, anschließend mit reichlich Salz bestreuen. Kurz einwirken lassen, danach abwaschen.

Beerenflecken
Mit kohlensäurehaltigem Mineralwasser auswaschen. Sollten noch Farbrückstände bleiben, mit etwas Zitronensaft einreiben und einwirken lassen, danach normal waschen.

Grasflecken
Helle Kleidungsstücke über Nacht in Milch oder Buttermilch (alternativ Zitronensaft oder Essigessenz) einweichen und am nächsten Tag mit Wasser ausspülen. Hartnäckige Flecken mit hochprozentigem Alkohol betupfen, bis sich der Fleck löst.

Duftes Zuhause

Die Macht der Düfte ist erstaunlich. Sie können Erinnerungen wecken, Emotionen beeinflussen und unsere Stimmung heben. Ein wohlriechendes Zuhause schafft eine warme und einladende Atmosphäre, die unsere Sinne anspricht und uns in eine Welt der Entspannung entführt.

Textilerfrischer

Wäschespray

Teppichauffrischer

Gelerfrischer

Duftendes Wachs mit Trockenblumen

Kissenspray

Tipps & Tricks für ein duftendes Zuhause

Nº 4

Textilerfrischer

Manche Textilien lassen sich nicht so einfach in die Waschmaschine stecken, wie etwa Sofas oder Teppiche. Um auch diesen Gegenständen einen angenehm frischen Duft zu verleihen, gibt es Textilerfrischer. Für diese wird Natron verwendet, denn Natronlösungen haben einen leicht alkalischen Wert, das heißt, der pH-Wert liegt bei etwa 8. Mithilfe dieser Alkalität der Natronlösung kann der Sauerstoff aus der Luft viele Geruchsstoffe auflösen.

Material

- 170 ml Wasser
- 1 EL Natron
- 30 ml Wodka oder kosmetisches Basiswasser
- 10–15 Tropfen ätherische Öle wie Lavendel, Mandarine, Bergamotte, Zitrone oder Ähnliches

So wird's gemacht

Das Wasser abkochen und auf etwa 30–40 Grad abkühlen lassen. Dann das Natron hinzugeben und verrühren, bis es sich aufgelöst hat.

Wasser vollständig abkühlen lassen, dann den Alkohol und die ätherischen Öle hinzugeben.

Haltbarkeit: etwa 6 Monate
Aufwand: ●○○

Wäschespray

Kennst du das auch? Du riechst einen Duft und Erinnerungen werden wach. Oft reichen diese Erinnerungen und die damit verbundenen Gefühle bis in die Kindheit zurück. Sie werden im limbischen System aktiviert und abgerufen. Mich fasziniert immer wieder, wie kraftvoll Düfte sind!

Material

- ätherische Öle:
  8 Tropfen Lavendel
  15 Tropfen Orange
  12 Tropfen Zitrone
  5 Tropfen Benzoe Siam
  3 Tropfen Rosmarin
- 50 ml Alkohol (etwa 80 Vol.-%)
- 50 ml destilliertes Wasser

So wird's gemacht

Die ätherischen Öle mit dem Alkohol vermischen und in eine Sprühflasche füllen. Mit dem destillierten Wasser auffüllen, verschließen und gut schütteln.

Das Parfum kann auf Bettwäsche, Handtücher oder andere Textilien gesprüht werden. Der Alkohol verfliegt sehr schnell und ist nicht störend. Bei empfindlichen Textilien vorher ausprobieren, damit der Spray keine Flecken hinterlässt. Vor jeder Verwendung noch mal kräftig schütteln, damit alles gut verteilt ist.

Haltbarkeit: etwa 6 Monate
Aufwand: ●○○

Teppichauffrischer

Teppiche oder auch Matratzen kann man nicht so einfach in die Waschmaschine stecken. Hier zaubert die folgende Mischung wieder neue Frische in die Textilien!

Material

- 200 g Natron
- ätherische Öle:
  - 10 Tropfen Thymian
  - 10 Tropfen Nelke
  - 10 Tropfen Zitrone

So wird's gemacht

Alle Zutaten in einer Schüssel vermengen. Die Mischung auf dem Teppich oder der Matratze verteilen und für einige Stunden einwirken lassen. Anschließend mit einem Staubsauger absaugen.

Tipp

Nach Belieben können auch andere ätherische Öle verwendet werden.

Haltbarkeit: sofort verwenden
Aufwand: ●○○

Gelerfrischer

Gelerfrischer

Duftende Erfrischer gibt es im Handel viele zu kaufen und ja, sie duften oft wirklich fantastisch lecker! Nur können synthetische Duftstoffe auf Dauer eine negative Auswirkung auf unsere Gesundheit haben, daher sollte man sie lieber sparsam einsetzen. Die pflanzliche Alternative sind ätherische Öle – aus diesen kann man wunderbare Gelerfrischer herstellen, die ihren Duft langsam und zart abgeben.

Material

- 5 Blatt Gelatine oder 1 Packung Agar Agar
- 350 ml Wasser
- 120 ml Alkohol (40 Vol.-%)
- 50 Tropfen Kaliumsorbatlösung
- 40–60 Tropfen ätherische Öle nach Wunsch
- optional: Lebensmittelfarbe

So wird's gemacht

Gelatine in kaltem Wasser einweichen und für etwa 5–10 Minuten quellen lassen. Danach mit dem Wasser in einen Topf geben, leicht erwärmen und unter Rühren die Gelatine auflösen. Danach vom Herd nehmen.

Verwendest du Agar Agar, das Pulver mit dem Wasser unter Rühren aufkochen lassen, danach vom Herd nehmen.

Anschließend den Alkohol sowie die ätherischen Öle hinzufügen. Zum Schluss noch die Kaliumsorbatlösung und die Lebensmittelfarbe unterrühren und danach in Marmeladengläser füllen. Sind sie ausgehärtet, können die Gelerfrischer überall ohne Deckel aufgestellt werden. Mit der Zeit trocknet die Masse ein und zieht sich zusammen.

Duftmischungen

Sunny Day

- 20 Tropfen Orange
- 20 Tropfen Bergamotte
- 20 Tropfen Grapefruit

Lavendel küsst Limette

- 25 Tropfen Limette
- 20 Tropfen Lavendel

Frische Brise

- 20 Tropfen Limette
- 15 Tropfen Rosmarin
- 10 Tropfen Pfefferminze

Im Wald

- 20 Tropfen Weißtanne
- 5 Tropfen Rosmarin
- 10 Tropfen Limette

Orangenwald

- 20 Tropfen Grapefruit
- 10 Tropfen Orange süß
- 10 Tropfen Weißtanne

Haltbarkeit: etwa 1–2 Monate

Aufwand: ●●○

Duftendes Wachs mit Trockenblumen

Die Wachsformen mit Trockenblumen sehen nicht nur wunderschön aus, sie duften auch herrlich und können durch die Trockenblumen auch im Nachhinein immer wieder beduftet werden. Sie können in Räumen, aber auch im Kleiderschrank verwendet werden.

Material

- Wachs oder Wachsreste, auch Bienenwachs
- Trockenblumen
- ätherische Öle nach Wahl
- optional: Band zum Aufhängen, Holzstäbchen

So wird's gemacht

Wachs im Wasserbad schmelzen lassen. Anschließend vom Herd nehmen und etwa 30–40 Tropfen ätherische Öle auf 100 g Wachs hinzugeben.

Das Wachs vorsichtig in Silikonformen gießen. Dabei nicht höher als 1 cm einfüllen. Ist das Wachs schon leicht ausgekühlt, aber noch nicht vollständig erhärtet, mit einem Holzstäbchen ein Loch stechen, sofern man das Duftwachs aufhängen möchte.

Dies ist auch der Zeitpunkt, um Trockenblumen in das Wachs zu drücken.

Sobald das Wachs fest ist, kann es aus der Form genommen werden. Das Loch zum Durchziehen des Bandes eventuell noch mal mit dem Holzstäbchen säubern. Anschließend das Band durchziehen.

Haltbarkeit: Der Duft kann immer wieder aufgefrischt werden, indem man die Trockenblumen mit ätherischem Öl beträufelt.
Aufwand: ●●●

Kissenspray

Angenehme Düfte lassen uns entspannen und bringen uns zur Ruhe. Der Kissenspray mit Lavendel oder einem anderen Duft deiner Wahl ist auch ein schönes Geschenk für liebe Freunde!

Material

- 60 ml destilliertes Wasser oder ein Hydrolat
- 40 ml Wodka (geruchsneutral)
- 25–30 Tropfen ätherisches Öl (geeignete Öle: Lavendel, Vanille, Mandarine, Zirbe)

So wird's gemacht

Alle Zutaten in eine Zerstäuberflasche füllen und gut schütteln.

Mit etwas Abstand auf das Kissen sprühen und kurz einwirken lassen, danach den feinen Duft genießen.

Haltbarkeit: mehrere Monate
Aufwand: ●○○

Tipps & Tricks
für ein duftendes Zuhause

Geruchsneutralisierer
Duftet es im Haus irgendwo nicht so angenehm, beispielsweise im Schuhschrank, können Schalen mit Natron oder Kaffeepulver aufgestellt werden.

Heißes Potpourri
Hat man im Garten duftende Kräuter wie Rosmarin oder Lavendel, kann man sie gemeinsam mit Gewürzen wie Zimt, Nelken, aber auch Zitrusfrüchten zu einem duftenden Potpourri mischen. Dazu Kräuter, Früchte und Gewürze zerkleinern, in einen Topf mit Wasser geben und erhitzen. Mit der Zeit verströmt es einen wunderbaren Duft im ganzen Haus.

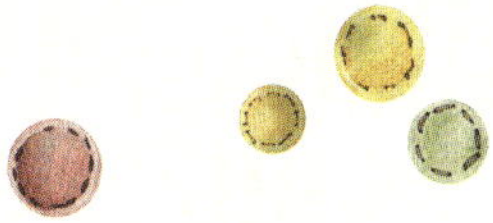

Filzkugeln für den Kleiderschrank
2–3 Filzkugeln auf eine Schnur aufziehen und mit ätherischen Ölen nach Wahl beträufeln. Die Kugelkette kann im Schrank aufgehängt werden und sorgt so für einen feinen Duft.

Wald-Potpourri
Verschiedene Zapfen in eine Schüssel legen und mit ätherischen Ölen nach Wahl beduften. Die Zapfen geben mit der Zeit den Duft an die Umgebung ab.

Kerzenreste in Duftkerzen verwandeln
Im Laufe des Jahres sammeln sich immer wieder Kerzenreste an. Für die Duftkerzen Marmeladengläser vorbereiten und in die Mitte einen Docht geben. Die Kerzenreste im Wasserbad vorsichtig schmelzen. Ätherische Öle hinzufügen und in die vorbereiteten Gläser füllen.

Über die Autorin

Doris Kern, Jahrgang 1983, ist diplomierte Kräuterpädagogin und TEH-Praktikerin. Auf ihrem Blog *Mit Liebe gemacht* erzählt sie von der Kraft der Heilkräuter und der Wirksamkeit altbewährter Hausmittel. Mit leckeren Genussrezepten und nachhaltigen Bastelideen sowie grünen Reinigungsmitteln regt sie Groß und Klein zum Nachmachen an. Gemeinsam mit ihrer Familie lebt sie im Mühlviertel, wo sie ihr Wissen rund um die Schätze der Natur in Workshops und ihren Büchern weitergibt.

Register

Impressum

MIX
Papier aus verantwortungsvollen Quellen
FSC® C014138

1. Auflage

Gesetzt aus der Amatic SC, der CharterITC und der Zwo OT

Medieninhaber, Verleger und Herausgeber:
Red Bull Media House GmbH
Oberst-Lepperdinger-Straße 11–15
5071 Wals bei Salzburg, Österreich

Coverdesign: Matthias Preindl
Umschlaggestaltung & Satz: Lisa Haunschmid
Coverillustrationen: Kerstin Luttenfeldner, außer: Bernd Ertl (Biene), Julia Zott (Zitrone)
Bilder Innenteil: Doris Kern, außer: S. 27: Evgeny Glazunov/stock.adobe.com, S. 33: Jatuporn Tansirimas/stock.adobe.com, S. 126: Barbara Ziegelböck
Illustrationen: Natalia Fedorova, außer: S. 3: Bernd Ertl (Biene), Julia Zott (Zitrone), S. 4: Julia Zott, S. 11 Münzen: iStockphoto/Tatyana Davydova, S. 18: iStockphoto/Olga Ryabukhina, S. 19: iStockphoto/Daria Doroshchuk (Efeu), iStockphoto/Liliya Shlapak (Kastanien), S. 30/37/56: iStockphoto/Daria Ustiugova, S. 42: iStockphoto/ZuckerCube, S. 45: iStockphoto/Natalia Churzina (grüne Kreise, auch auf den folgenden Seiten), S. 80: iStockphoto/Daria Ustiugova (Apfelessig), S. 81: iStockphoto/Tatiana Cheusova (Glas), iStockphoto/Issa issyoku (Zinnkraut), iStockphoto/Belus (Wasserkocher), iStockphoto/KaterinaKr (Glasflaschen), S. 92/93: iStockphoto/Tatyana Davydova (Badewanne, Duschkopf), S. 93: iStockphoto/Daria Ustiugova, S. 106: iStockphoto/annwaterru (Wäscheleine), iStockphoto/ZuckerCube (Sprühflasche), iStockphoto/fumiko Inoue (Bügeleisen), iStockphoto/Daria Ustiugova (Pipette), S. 107: iStockphoto/irinabogomolova, S. 119: iStockphoto/Tatyana Goncharuk (Rosmarin), S. 124: iStockphoto/Sonya_illustration (Kaffee), iStockphoto/Maryna Maznieva (Orange, Zimtstange), iStockphoto/Tatyana Goncharuk (Rosmarin), S. 125: iStockphoto/Natalia Churzina (Filzkugeln)

Gedruckt in Tschechien von Finidr
ISBN 978-3-7104-0322-4